# Angélique, la fée de la musique

**Du même auteur,**
**dans la même collection :**

1. Garance, la fée rouge
2. Clémentine, la fée orange
3. Ambre, la fée jaune
4. Fougère, la fée verte
5. Marine, la fée bleue
6. Violine, la fée indigo
7. Lilas, la fée mauve

Clémence, la fée des vacances
Gaëlle, la fée de Noël

1. Margaux, la fée des gâteaux
3. Juliette, la fée des paillettes
4. Manon, la fée des bonbons
5. Anaïs, la fée des jeux
6. Prune, la fée des costumes
7. Élise, la fée des surprises

Vous aimez les livres de la série

L'ARC-EN-CIEL magique

Écrivez-nous pour nous faire partager votre enthousiasme :

Pocket Jeunesse - 12 avenue d'Italie - 75013 Paris

# L'ARC-EN-CIEL magique

LES FÉES DE LA FÊTE

# Angélique, la fée de la musique

Daisy Meadows

Traduit de l'anglais par Christine Bouchareine

Illustré par Georgie Ripper

POCKET jeunesse

Titre original :
Rainbow Magic
The Party Fairies - Melodie the Music Fairy

Publié pour la première fois en 2004
par Orchard Books, Londres.

Loi n° 49-956 du 16 juillet 1949 sur les publications
destinées à la jeunesse : février 2007.



La série « L'Arc-en-Ciel magique » a été créée
par Working Partners Limited, Londres.

ISBN 978-2-266-16777-2

À Alice et Lara Clerc.

Avec des remerciements
tout particuliers
à Marilyn Kaye.

Le château
du pays des Fées
La clairière
La place
du village
Rue
Tournicote
Le village de Martimpré

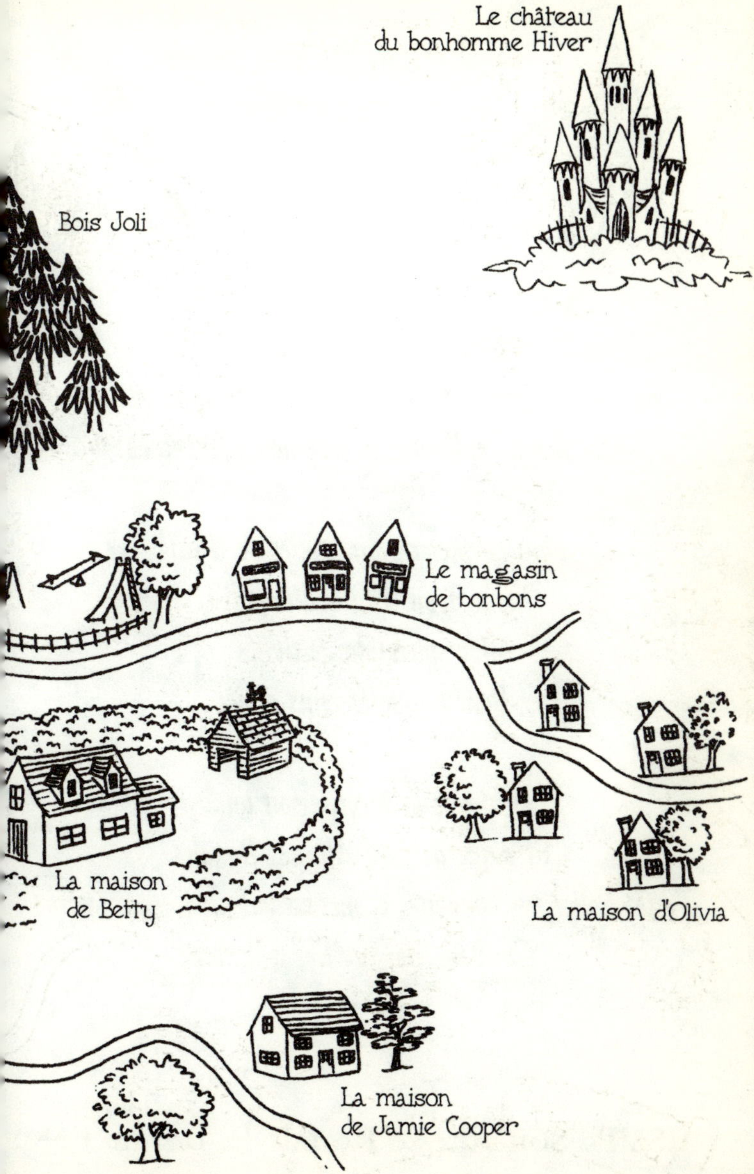
Le château
du bonhomme Hiver
Bois Joli
Le magasin
de bonbons
La maison
de Betty
La maison d'Olivia
La maison
de Jamie Cooper

## Invitation à une soirée très spéciale

*Que soient bénis notre gentil roi et notre gracieuse reine*
*Qui depuis mille ans si bien nous gouvernent !*

*Pour célébrer ces dix siècles de félicité*
*Nous avons décidé d'organiser*
*De splendides festivités*
*Pour nos souverains aimés*

*Afin que la surprise soit totale*
*Et digne de Nos Altesses Royales*
*Faites briller vos baguettes et mettez vos plus beaux atours*
*Car vous êtes invitées à la cour*

RSVP : Son Altesse Royale la Bonne Fée

# La musique déraille

– Qu'est-ce que tu danses bien, Betty ! s'exclama Rachel.

Betty exécuta une gracieuse révérence. Sa dernière répétition de danse venait de se terminer.

– Ce sera encore mieux ce soir, à la représentation, quand nous serons toutes ensemble, en costume, avec la musique !

Les yeux de Betty brillaient de joie. Elle était ravie que son amie Rachel soit venue passer la semaine chez elle. Et Rachel se réjouissait d'assister au premier gala de danse classique de Betty.

– Ce sera une grande soirée. Ma prof de danse a décoré la salle des fêtes du village. Elle a aussi prévu des jeux. Et tous les parents doivent apporter à manger.

– Je sens qu'on va bien s'amuser. Mais il faudra ouvrir l'œil. Les gnomes seraient trop contents de gâcher une si belle fête.

Betty hocha la tête. Leurs amies les fées les avaient prévenues. Elles préparaient en grand secret d'extraordinaires festivités pour leurs souverains. Mais le méchant bonhomme Hiver, qui l'avait appris, comptait en profiter pour se venger, en donnant une réception le même jour. Banni dans son château de glace et privé de ses pouvoirs magiques, il avait chargé ses affreux gnomes de perturber un maximum de réceptions pour attirer les fées et leur dérober leurs bourses de paillettes magiques.

– C'est l'heure de partir ! cria Mme Tate du bas de l'escalier.

Betty et Rachel descendirent en courant.

– Regardez, j'ai fait des biscuits.

M. Tate ouvrit la grosse boîte en fer qu'il tenait sous son bras. Elle était remplie de jolis petits gâteaux tout ronds.

Betty lui sauta au cou pour le remercier.

– Qu'ils ont l'air bons, mon petit papa !

Quand ils arrivèrent à la salle des fêtes, elle en fut tout émerveillée. On se serait cru dans un théâtre avec les rangées de chaises alignées devant l'estrade ! Des guirlandes argentées

descendaient du plafond, la scène était bordée de lumière, et des ballons argent et blanc flottaient au-dessus des tables garnies de différents mets.

Pendant que M. et M$^{me}$ Tate bavardaient avec les autres parents, Rachel et Betty allèrent disposer les gâteaux sur un plat. Elles louchaient sur toutes les bonnes choses déjà disposées sur le buffet.

– Hum, des éclairs au chocolat ! s'écria Betty.

– Si on goûtait pour vérifier que les gnomes ne les ont pas sabotés ? suggéra Rachel avec un clin d'œil complice.

Betty hocha la tête. Elle prit un éclair pendant que Rachel dégustait un gâteau de M. Tate. Elles échan-

gèrent un regard malicieux. Tout était délicieux. Les gnomes n'y avaient pas touché.

Mlle Kelly, le professeur de danse, s'approcha d'elles.

– Il est temps d'aller te mettre en tenue, Betty.

Elle se tourna vers Rachel avec un grand sourire.

– Bonsoir, tu dois être Rachel. Betty m'a beaucoup parlé de toi.

– Bonsoir, mademoiselle

Kelly. Est-ce que je pourrais aider Betty et les autres filles à se préparer ?

– Avec plaisir. Nous ne serons pas trop de deux.

Betty l'entraîna alors vers la loge, située derrière la scène. Une fois que les danseuses eurent enfilé leurs collants, leurs tutus et leurs chaussons aux longs rubans de satin, Rachel aida M$^{lle}$ Kelly à leur mettre du rose aux joues et une touche de brillant sur les lèvres.

Leur excitation montait tandis que les spectateurs prenaient place. Rachel écarta le rideau et vit avec soulagement que les décorations, le buffet et les costumes demeuraient intacts. Les gnomes n'avaient pas dû entendre parler du gala.

M^lle^ Kelly s'avança sur la scène.

– Mesdames et messieurs, en l'honneur du premier anniversaire de notre école, voici le spectacle que nos jeunes ballerines ont eu le grand plaisir de préparer pour vous.

L'assistance applaudit pendant que M^lle^ Kelly disparaissait dans les coulisses. Puis le rideau se leva et les premières mesures de la musique retentirent.

Leurs bras gracieusement levés au-dessus de leur tête, les danseuses entrèrent en scène. Rachel était émerveillée. Elles ressemblaient à des fées dans leurs jolis tutus.

Soudain le tempo s'accéléra. Les ballerines parurent surprises. Elles peinaient pour suivre le rythme. Rachel comprit à la tête de Betty que

quelque chose clochait. C'était la panique. Deux petits rats trébuchèrent. La musique, de plus en plus rapide et de plus en plus aiguë, écorchait les oreilles.

Mlle Kelly, le visage écarlate, enfonçait frénétiquement les boutons du lecteur de CD sans pouvoir l'arrêter.

Les danseuses tourbillonnaient de plus en plus vite. Deux d'entre elles se percutèrent, une troisième s'étala de tout son long.

– Je n'arrive pas à arrêter la musique ! cria M^lle^ Kelly, affolée. Je ne comprends pas ce qui se passe !

Rachel, elle, le savait. Il s'agissait encore d'un mauvais tour des gnomes du bonhomme Hiver !

# Le tambourin trembleur

Les filles disparurent en coulisses pendant que des parents se précipitaient à la rescousse de Mlle Kelly. Mais personne ne réussit à éteindre le lecteur !

*Je suis sûre qu'un gnome est dans le coup !* songea Rachel qui cherchait désespérément Betty dans la foule. Il fallait agir et vite !

Elle parcourut la salle du regard avec angoisse. Où le chercher ? Il existait tellement de cachettes possibles entre les coulisses remplies de malles, de costumes et de décors, les loges, le local technique et le petit bureau !

Soudain, Rachel aperçut des instruments de musique, abandonnés de l'autre côté de la scène. Et parmi eux, un tambourin qui vibrait tout seul !

Il n'y avait personne à côté. Et le tambourin était bien trop petit pour qu'un gnome pût s'y cacher. Alors pourquoi tremblait-il ? Peut-être un gnome l'avait-il bousculé en passant ? Peut-être rôdait-il encore dans les parages ?

Le cœur battant la chamade, Rachel s'approcha sur la pointe des pieds et s'agenouilla. Délicatement, elle souleva le

tambourin du bout des doigts.

Un éclat lumineux apparut. Rachel dégagea complètement l'instrument de musique, un grand sourire aux lèvres. Comme elle s'y attendait, elle aperçut une petite fée. Celle-ci sanglotait si fort, le visage enfoui entre ses mains, qu'elle faisait trembler le tambourin !

– Je te reconnais ! s'exclama Rachel. Tu es une fée de la fête !

La fée leva la tête. De grosses larmes qui scintillaient comme des diamants roulèrent sur ses joues tandis qu'elle réajustait son serre-tête doré.

– Oui… *snif*… je suis Angélique, la fée de la musique. Et toi, tu dois être Rachel.

Elle portait une ravissante tunique rose ourlée de notes en velours noir.

Ses deux petites tresses dansaient autour de son visage.

Elle se mit sur les pointes pour regarder autour d'elle.

– Où est Betty ?

– Elle ne doit pas être loin. Pourquoi pleures-tu ?

Angélique essuya ses dernières larmes.

– Je suis venue dès que j'ai entendu la musique s'emballer, sans me méfier. Et un affreux gnome m'attendait !

– Quoi ? Il t'a attaquée ?

– Oui. Et il s'est enfui en emportant ma bourse. Non seulement je ne peux pas réparer le lecteur de CD sans mes paillettes magiques, mais, en plus, si je ne récupère pas mon sac, il n'y aura pas de musique lors des festivités royales !

# Rachel et Betty contre-attaquent

– Ne t'inquiète pas, la rassura Rachel. Nous allons t'aider à le retrouver.

Le visage d'Angélique s'illumina.

– C'est vrai ?

– Bien sûr. Allons d'abord chercher Betty.

Angélique ramassa sa baguette et se cacha dans la poche de Rachel qui se dirigea vers les gens attroupés autour du lecteur de CD.

Betty se précipita à sa rencontre.

– Tu as vu ? C'est encore un coup des gnomes !

Rachel hocha la tête et montra sa poche du doigt.

Betty vit Angélique agiter la main.

– Salut, Betty. Je suis Angélique, la fée de la musique.

– Oh, Angélique, comme je suis contente de te voir ! Tu es la seule à pouvoir nous tirer de ce mauvais pas.

– Sauf qu'un gnome lui a volé sa bourse ! grommela Rachel.

– Oh, non ! gémit Betty. Il faut absolument qu'on l'empêche de la rapporter au bonhomme Hiver. Où peut-il bien se trouver ?

– Il y a trop de monde ici. À mon avis, il s'est plutôt caché dans les coulisses.

Il régnait une telle pagaille que personne ne vit les deux filles s'éclipser. Elles commencèrent par passer la loge en revue : Rachel fouilla les vestiaires pendant que Betty inspectait les

placards et les portants de costumes. Pas de trace du gnome.

Elles explorèrent ensuite le bureau. Angélique voleta sous les meubles alors que Rachel regardait par la fenêtre et que Betty ouvrait tous les tiroirs. Des papiers s'accumulaient partout mais toujours aucun signe du gnome.

Elles ressortirent dans le couloir, un peu démoralisées.

– Tu crois qu'il est déjà parti ? s'inquiéta Rachel.

Angélique secoua la tête.

– Non, il y a beaucoup trop de monde. Il doit attendre que la voie soit dégagée.

Betty fronça les sourcils.

– Écoutez ! Quelqu'un joue du piano !

Rachel tendit l'oreille. En effet, on entendait des notes dans le lointain.

– Ça vient de la salle de musique. C'est peut-être un élève qui fait ses gammes, suggéra-t-elle.

– Qui peut travailler en plein gala ? protesta Betty.

– En tout cas, celui qu'on entend a de gros progrès à faire, ajouta Rachel avec une grimace. Il joue comme un pied !

– Seul un gnome peut jouer aussi mal ! décréta Angélique avant de foncer en direction de cette cacophonie.

Les filles la suivirent en courant. La porte de la salle de musique était entrouverte. Le piano trônait au milieu de la pièce. C'était bien de là que venait le vacarme. Mais personne n'en jouait !

# C'était bien un gnome !

Les filles n'en croyaient pas leurs yeux. Même Angélique semblait médusée.

Soudain Betty eut une idée.

– Le gnome est à l'intérieur du piano !

– Vite ! Allons vérifier !

– Attends ! Il vaut mieux que j'y aille toute seule. Avec mes chaussons de danse, il ne m'entendra pas approcher.

– Tu as raison.

Betty se glissa doucement dans la pièce et marcha à pas de loup jusqu'au piano. Elle retint son souffle et entrebâilla le couvercle avec précaution.

Il était là ! Le sac d'Angélique à la main, un affreux gnome courait sur les cordes en criant à tue-tête :

– Trop doué ! Je suis vraiment trop doué ! Grâce à la bourse que j'ai piquée, le bonhomme Hiver va s'éclater...

Betty rabattit le couvercle tout aussi discrètement et se retourna vers Rachel et Angélique.

– Qu'est-ce qu'on fait, maintenant ? chuchota-t-elle.

Angélique fronça les sourcils. Rachel regarda autour d'elle. Il y avait des tambours près du piano et une paire de cymbales posée dessus.

Elle fit signe à Angélique.

– Tu vois ces cymbales ? Tu crois que tu aurais la force d'en soulever une ?

– Pas de problème.

– Super ! Moi je prendrai l'autre.

– Mais comment vas-tu aller jusque là-bas ? Le gnome risque de t'entendre marcher.

Rachel sourit.

– Pas si je suis une fée…

Angélique agita sa baguette. Une pluie de paillettes enchantées enveloppa Rachel qui se sentit aussitôt rétrécir. Elle agita ses petites ailes et décrivit un cercle. Puis elle entra dans la salle de musique, suivie d'Angélique.

Les cymbales étaient très lourdes, mais les filles réussirent à les soulever.

Vite, elles volèrent vers Betty qui les regardait sans comprendre.

– À mon signal, ouvre le couvercle du piano, chuchota Rachel.

Betty hocha la tête.

Rachel et Angélique voletèrent sur place en tenant les deux cymbales devant elles, face à face. Rachel fit un clin d'œil à Betty qui souleva le couvercle du piano. Rachel et Angélique se précipitèrent alors l'une vers l'autre, et dans un fracas infernal qui fit trembler la pièce, les deux cymbales s'entrechoquèrent juste au-dessus de la tête du gnome !

# Les problèmes persistent !

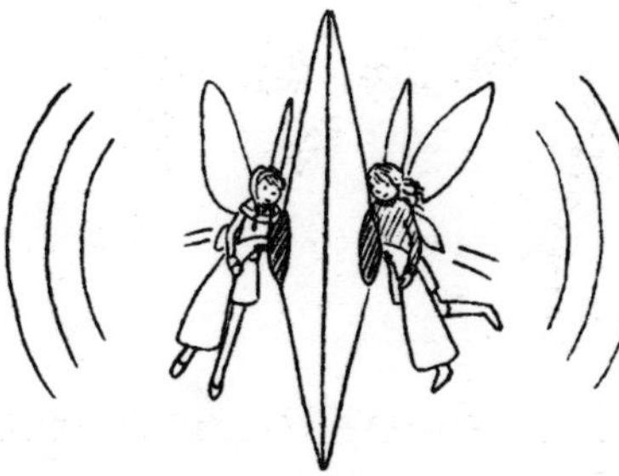

Avec un hurlement d'effroi, le gnome lâcha le sac d'Angélique et plaqua les mains sur ses oreilles.

– Aïe ! Ouille ! Quel boucan ! Ma tête !

Il sauta du piano et s'enfuit en courant.

Un nouveau tintamarre déchira le silence. C'était Angélique qui avait lâché sa cymbale pour plonger dans le piano afin de récupérer sa bourse.

Elle éclata de rire.

– Qu'est-ce que c'était drôle ! Dommage qu'il ait réussi à prendre la fuite. Mais j'ai récupéré ma bourse, c'est le principal.

Elle l'ouvrit pour vérifier son contenu. Quelques notes dorées s'en échappèrent.

– Ouf ! Elle est intacte !

Betty entendit alors des pas dans le couloir.

– Quelqu'un arrive ! Vite, vous deux, cachez-vous dans le piano !

Rachel laissa tomber sa cymbale à grand fracas avant de rejoindre Angélique à tire-d'aile. À peine Betty eut-elle rabattu le couvercle que Mlle Kelly faisait irruption.

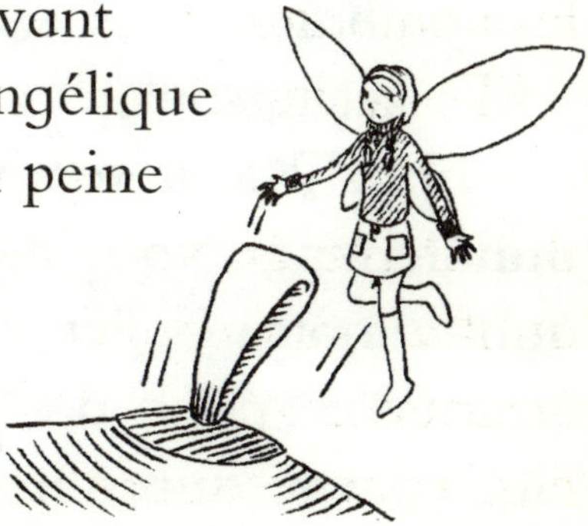

– Qu'est-ce que c'était que ce bruit ? Ça va, Betty ?

– Euh… je… je regardais s'il n'y avait pas un autre lecteur de CD par ici. Et en cherchant, j'ai fait tomber les cymbales.

M^lle^ Kelly sourit.

– Bon, il faut remonter sur scène, maintenant. Nous devrions pouvoir danser notre ballet d'une minute à l'autre. Le papa de Mélissa, qui est électricien, aura bientôt réparé le lecteur.

Betty fronça les sourcils. Un simple électricien pourrait-il réparer un appareil cassé par un gnome ? Elle avait l'impression que seule la magie des fées remettrait l'appareil en état. Hélas, Angélique se trouvait coincée dans le piano avec Rachel !

– J'arrive tout de suite, mademoiselle Kelly. Juste le temps de ramasser les paillettes qui sont tombées de mon costume.

– Voyons, tu n'es pas à une paillette près ! la gronda le professeur. Notre public a déjà assez attendu.

Betty n'avait pas le choix. La mort dans l'âme, elle suivit M^lle^ Kelly, laissant Rachel et Angélique prisonnières du piano.

# Que la fête continue !

– Oh, non ! gémit Rachel en entendant partir Betty et Mlle Kelly. Combien de temps allons-nous moisir ici ?

– Ne t'inquiète pas, Rachel.

D'un coup de baguette magique, Angélique ouvrit le couvercle du piano dans une pluie de poudre enchantée.

Elles s'échappèrent à tire-d'aile et allèrent se poser un peu plus loin. Angélique agita de nouveau sa baguette pour rendre sa taille normale à Rachel. Puis, sa bourse serrée sous son bras, elle se glissa dans la poche de la jeune fille.

– Nous pouvons encore sauver le gala. Ne perdons pas de temps ! Allons-y !

Dès qu'elle sortit de la salle de musique, Rachel remarqua qu'on n'entendait plus le son du lecteur. Peut-être le sort avait-il été brisé lorsque le gnome avait pris la fuite ?

Cependant, quand elle arriva devant la scène, elle vit qu'un attroupement s'était formé autour de l'appareil. Elle se faufila dans la foule et aperçut le père de Mélissa, un tournevis dans une main, une paire de pinces dans l'autre. Mlle Kelly et Betty se tenaient près de lui.

– Que se passe-t-il ? chuchota Angélique.

– Je crois que le père de Mélissa a démonté le lecteur. Il y a des morceaux de plastique et de métal partout par terre.

Elle s'approcha encore.

– Je suis vraiment désolé, disait-il. Je n'ai jamais rencontré ce genre de problème, ça me dépasse !

Rachel se pencha vers Angélique.

– Et toi, tu pourrais réparer l'appareil ?

– Sans problème ! Mais pas devant tout le monde. Quelqu'un risquerait

de remarquer les paillettes enchantées qui tomberaient dessus.

Rachel réfléchit. Elle ne voyait pas ce qu'elle pourrait inventer pour éloigner les gens. Soudain elle se souvint des instruments entassés à l'autre bout des coulisses, là où elle avait découvert Angélique.

Elle traversa la scène en courant et constata avec soulagement que l'endroit était désert.

Elle sortit Angélique de sa poche.

– Dis-moi, tu ne pourrais pas faire de la musique avec ces instruments?

– Bien sûr que si! Personne ne nous voit?

– Non, tu peux y aller.

D'un coup d'aile, Angélique alla se percher sur le violon. Elle sortit une poignée de notes scintillantes de sa bourse et en saupoudra les cordes avant de passer aux autres instruments. Puis elle agita sa baguette.

Aussitôt l'archet qui gisait par terre flotta dans les airs et vint caresser les cordes du violon. La flûte s'envola et

lança un trille tandis que des mains invisibles pinçaient les cordes de la harpe. Rachel n'en revenait pas : les instruments jouaient tout seuls.

– Mais c'est la musique de notre ballet ! s'exclama Mlle Kelly à l'autre bout de la scène. D'où cela vient-il ?

Rachel se précipita au-devant d'elle.

– J'ai trouvé un autre lecteur !

Elle fit un clin d'œil à Betty. Inutile de lui expliquer qu'il y avait de la magie dans l'air !

– Vite, mesdemoiselles, reprenez vos places ! ordonna $M^{lle}$ Kelly.

Les spectateurs retournèrent s'asseoir. $M^{lle}$ Kelly se tourna vers Rachel.

– Tu pourrais remettre la musique au début, s'il te plaît ?

Rachel se mordit la lèvre. Comment faire ? Pourvu qu'Angélique ne soit pas déjà repartie au pays des Fées !

Elle courut vers les instruments et vit avec soulagement Angélique qui dansait en faisant virevolter sa robe. Quelle idiote de s'inquiéter ! Jamais la petite fée ne serait partie sans lui dire au revoir.

– Tu peux remettre la musique au début ?

Angélique agita sa baguette. La musique s'arrêta puis reprit au commencement.

Elles s'approchèrent ensuite de la scène pour regarder le spectacle.

– Que c'est joli ! s'exclama Angélique en imitant les mouvements gracieux des danseuses.

Quand le spectacle fut terminé, l'assistance applaudit à tout rompre. Les ballerines firent une révérence, puis s'empressèrent de rejoindre leurs parents. Betty, quant à elle, se précipita vers les coulisses.

– Merci, Angélique. Tu as sauvé notre représentation !

– C'est moi qui devrais vous remercier. Sans vous, nous aurions été privés de musique lors des festivités du roi et de la reine. Je vous en prie, continuez à surveiller les gnomes du bonhomme Hiver.

– Tu peux compter sur nous, répondirent Rachel et Betty d'une seule voix.

– Bonne chance !

Angélique agita sa baguette et s'envola dans une pluie de paillettes.

Toutes joyeuses, Rachel et Betty se dirigèrent vers la salle afin de profiter de la suite de la soirée.

– J'espère que nous rencontrerons les autres fées de la fête, déclara Rachel.

– Je ne me fais aucun souci là-dessus, répondit Betty avec un large sourire. Il suffit de continuer à faire la fête !

# L'ARC-EN-CIEL magique

## LES FÉES DE LA FÊTE

Margaux et Angélique ont retrouvé leurs précieuses bourses magiques.

À présent, Rachel et Betty doivent aider

## Juliette, la fée des paillettes

# Table des matières

# L'ARC-EN-CIEL magique

## LES FÉES DE LA FÊTE

Retrouve vite Rachel et Betty
avec un extrait de

# Juliette, la fée des paillettes

# Encore une fête en perspective

– Quelle belle journée ! s'extasia Betty en admirant le grand ciel bleu. Je suis si contente que tu passes la semaine chez moi, Rachel !

Betty, assise dans l'herbe, tressait une guirlande de pâquerettes à sa meilleure amie Rachel. Perle, sa petite chatte noir et blanc, ronronnait,

couchée en plein soleil au milieu de l'allée.

– Tu sais quoi ? continua-t-elle en cueillant une nouvelle fleur. C'est une journée idéale pour...

– ... faire la fête ! finit Rachel à sa place.

Le visage de Betty se rembrunit.

– Espérons que les affreux gnomes du bonhomme Hiver ne se manifesteront pas aujourd'hui !

– Sois tranquille ! Les fées de la fête les tiennent à l'œil. Et nous aussi.

Les fillettes partageaient en effet un grand secret. Elles étaient devenues très amies avec les fées depuis qu'elles avaient permis aux fées de l'Arc-en-Ciel et à celles du Temps d'échapper aux mauvais sorts du bonhomme Hiver. Et maintenant c'étaient les fées de la fête qui leur avaient demandé leur aide.

– Le bonhomme Hiver n'a qu'une idée : gâcher le plaisir des autres. Même banni dans son château de glace, il continue à semer la pagaille.

– S'il n'avait pas été si méchant, répondit Betty, il aurait été invité aux festivités que la Bonne Fée organise pour les mille ans de l'anniversaire du règne du roi et de la reine des Fées.

Betty et Rachel y étaient conviées. Hélas, le bonhomme Hiver avait décidé de donner une réception encore plus grandiose, de son côté, pour se venger. Comme il était privé de ses pouvoirs magiques, il avait chargé ses gnomes de voler les bourses de paillettes enchantées des fées de la fête. Et ces derniers n'avaient rien trouvé de mieux que de perturber les fêtes pour attirer les fées.

– Nous avons déjà réussi à sauver les paillettes de Margaux, la fée des gâteaux, et d'Angélique, la fée de la musique, continua Betty en ajoutant une pâquerette à sa guirlande. Nous devons ouvrir l'œil.

– Et l'oreille aussi, renchérit Rachel.

– Ouille ! Ça fait mal ! cria au même moment une voix, de l'autre côté de la haie.

Rachel lança un regard affolé à Betty.

– Qui c'est ? Tu crois que c'est un gnome ?

Betty éclata de rire.

– Non, ne t'inquiète pas. C'est mon voisin, M. Cooper.

Ce dernier passa alors la tête au-dessus de la haie.

– Pardon, Betty. Je t'ai fait peur ? demanda-t-il avec un grand sourire. Je me suis piqué le doigt sur le rosier.

Il souleva un petit paquet enveloppé dans du papier bleu métallisé.

– Je cache des cadeaux dans le jardin pour la chasse au trésor de cet après-midi.

– Une chasse au trésor ? répéta Rachel.

– Oui, nous fêtons l'anniversaire de mon fils Jamie. Il a cinq ans aujourd'hui.

Un anniversaire ! Rachel et Betty se regardèrent.

– Nous avons invité une dizaine d'enfants, continua M. Cooper. Et nous avons engagé un clown, M. Jovial. Jamie est fou de joie. Mais nous allons avoir du travail, ajouta M. Cooper en se grattant la tête.

Rachel donna un coup de coude à Betty.

– Nous pouvons venir vous aider, Rachel et moi, si vous voulez, proposa aussitôt Betty.

– Oui, ça nous ferait très plaisir, lança Rachel.

Le visage de M. Cooper s'éclaira.

– C'est gentil de votre part. Jamie sera ravi. Les invités doivent arriver à trois heures. Vous pourriez venir une heure avant ?

– Bien sûr ! répondirent les deux amies en chœur.

M. Cooper leur adressa un sourire reconnaissant et repartit cacher ses cadeaux.

Betty se tourna vers Rachel, les yeux brillants.

– Tu crois qu'un gnome viendra gâcher la fête de Jamie ?

– Eh bien, si c'est le cas, nous ne le laisserons pas faire !

# Problèmes de décoration

– Je sens qu'on va bien s'amuser, se réjouit Betty tout en sonnant chez les Cooper. Jamie est adorable. Bien qu'avec ses amis, ils risquent de faire un sacré chahut…

– Peut-être que ça effraiera les gnomes ! gloussa Rachel.

La porte s'ouvrit et un petit garçon au sourire aussi chaleureux que celui de M. Cooper apparut sur le seuil.

– Salut, Betty. C'est vrai que tu viens nous aider avec ton amie ?

– Oui. Bon anniversaire ! ajouta-t-elle en lui tendant un paquet.

Jamie déchira le papier et rougit de plaisir en découvrant une belle voiture bleue.

– Merci !

Il prit Betty par la main.

– Venez. On finit la décoration du salon avec maman.

Mme Cooper, debout sur une chaise, accrochait une banderole indiquant « Joyeux anniversaire » sur le mur.

Elle se retourna vers les deux filles.

– Bonjour, Betty ! Et toi, c'est Rachel, n'est-ce pas ? C'est vraiment gentil de nous donner un coup de main.

– Maman, regarde ce que Rachel et Betty m'ont offert ! s'écria Jamie en brandissant sa voiture. Oh, s'il te plaît, on peut accrocher les guirlandes maintenant ?

Mme Cooper éclata de rire.

– La fête ne commence que dans une heure et il est déjà tout excité. Dites-moi, les filles, vous pouvez vous occuper des guirlandes et des ballons, pendant que j'aide mon mari à finir de préparer le buffet ?

– Bien sûr ! répondit Rachel.

Mme Cooper les remercia et se précipita à la cuisine.

Jamie prit le carton de décorations sur le canapé.

– Papa a acheté des guirlandes super-longues, annonça-t-il fièrement. Elles sont or et argent, regardez !

Il déroula la première. Une bande de cinquante centimètres à peine se détacha et tomba par terre.

– Oh ! s'exclama le petit garçon, très déçu.

– Je suis sûre que le reste va aller, s'empressa de le rassurer Betty. Continue.

Rachel prit une autre guirlande : elle se trouvait dans le même état, ainsi que tout le lot.

[...]

Découvre vite
les autres fées de la fête,
dans la collection

L'ARC-EN-CIEL magique
LES FÉES DE LA FÊTE

1. Margaux, la fée des gâteaux
3. Juliette, la fée des paillettes
4. Manon, la fée des bonbons
5. Anaïs, la fée des jeux
6. Prune, la fée des costumes
7. Élise, la fée des surprises

## Dans la même collection :

# L'ARC-EN-CIEL magique

1. Garance, la fée rouge
2. Clémentine, la fée orange
3. Ambre, la fée jaune
4. Fougère, la fée verte
5. Marine, la fée bleue
6. Violine, la fée indigo
7. Lilas, la fée mauve

Clémence, la fée des vacances

Gaëlle, la fée de Noël

Composition : Francisco *Compo*
61290 Longny-au-Perche

*Impression réalisée sur Presse Offset par*

CPI
Brodard & Taupin

La Flèche (Sarthe), le 13-09-2007
N° d'impression : 42884

Dépôt légal : février 2007

Suite du premier tirage : septembre 2007

*Imprimé en France*

POCKET jeunesse

12, avenue d'Italie

75627 PARIS Cedex 13